खामोशी के लब्ज़

पल्लवी झा

ISBN 979-888591402-4

क्रम-सूची

क्रम-सूची

प्रस्तावना

पुस्तक का निर्माण String Produciton प्रकाशन के बिना संभव नहीं होता। इस पुस्तक को सफल बनाने के लिए कड़ी मेहनत और प्रयास करने वालों के प्रति आभार। सबसे बढ़कर, मेरे परिवार और दोस्तों को मेरा समर्थन करने के लिए दिल से धन्यवाद इस पूरे प्रोजेक्ट में। अंत में, मैं इसे सफलतापूर्वक पूरा करने का अवसर और शक्ति देने के लिए सर्वशक्तिमान को धन्यवाद देती हूं।

लेखक परिचय

Pallavi Jha

वह हैं झा पल्लवी झा। वह पूर्णिया, बिहार की रहने वाली हैं। उसने कला में स्नातक की पढ़ाई पूरी की है। वह पीजी ग्रेजुएशन कर रही है। वह बचपन से ही कविता लिख रही है। कविता लिखना उनका शौक बन गया है। वह 20+ एंथोलॉजी के सह-लेखक भी हैं। उन्होंने SGSH प्रकाशन से सर्वश्रेष्ठ सह लेखक का पुरस्कार प्राप्त किया। वह GGP WC-11 में प्रोजेक्ट हेड हैं। उन्हें पढ़ना पसंद है। अपने दिल को कागज पर लिखो !

लेखक परिचय

पहले स्थान पर: jha_pallavi - झा_ लेखक
ट्विटर: @JhaPallaviJha1
गूगल: झा पल्लवी झा लेखक

1. वो......

आजकल मुझे कोई बेटू कहता हैं

ना जाने क्यों मेरे दिल को सुकून सा मिलता

न जाने कब मिले पता नहीं चला

पर बहुत गहरा सा रिश्ता बन गया हैं

अगर बातें ना हो तो कुछ अच्छा नहीं लगता हैं

सुबह-सुबह बिन चेहरे देखे आंखें नहीं खुलती हैं

शायद कोई अपना सा हैं

जो मेरे दिल में बसते जा रहा हैं

बस कभी-कभी डर जाती हूं मैं

अपनी किस्मत पर जो भरोसा नहीं रहा हैं

पर मासूम सा चेहरा उसका

मुझे हंसा ही देता हैं

मेरी सारा गम को यू चुटकियों में भुला देता हैं

अगर मैं रूठ जाऊं

बेटू कह कर मना लेता हैं

न जाने कितना पागल सा हैं वो

पर जैसा भी है मेरे दिल में खास हैं वो

2. मोहब्बत हो तो

मोहब्बत हो तो ऐसी हो
तुम्हे याद करू तू मेरे करीब रहो
पूरी दिन निकल जाए सबके साथ
पर रात होने के बाद तेरे ही ख्वाब हो
सामने कोई भी हो नजरें तुम्हें ही ढूंढे
तेरे सिवा कोई और नजर ना आए महफिलों मे
इस कदर मोहब्बत का नशा मुझ में हो
मोहब्बत हो तो
ऐसी हो ना कभी दूरी ना कभी बेवफाई हो
किसी दूसरे के वजह से यह रिश्ता ना टूटे
इतनी मजबूत ये डोरी हो
मोहब्बत हो तो ऐसी हो
चांदनी रात में अगर साथ चले तो
उसे देख चांद भी शरमा के छुप जाए
भीगी बरसात में जब वो मेरे जुल्फ को सवारे
जिसे देखने वाले को भी मोहब्बत हो
मोहब्बत तो ऐसी हो
ना जमाने की परवाह हो ना अपनों का डर हो
रिश्ते में हर पल विश्वास का डोर हो
चाहे जमाना कुछ भी कहे
हम दोनों को फर्क ना हो
मोहब्बत हो तो ऐसी हो

3. तुम

ना तुम को रुसवा करेंगे

ना तुमसे अब मोहब्बत करेंगे

तेरी गलियों से गुजरेंगे अक्सर हम

तेरे दरवाजे पर कदम ना रोकेंगे

अगर रास्ते में कभी तुम टकरा जाओ

तेरी हाल भी अब पूछा ना करेंगे

तुम जो मेरी मोहब्बत के नाम से जाने जाते थे महफिलों
में

अब उसी महफिल में हम तुम्हें तुम्हारी औकात दिखाएंगे

अक्सर जो तुम मुझसे मेरी हैसियत पूछा करते थे

वक्त आ गया है अब तुम्हे तुम्हारी औकात दिखाएंगे

अक्सर जो तुम मुझे सबके सामने डांट के चुप करा देते थे

हर पल मुझे नीचा दिखाते थे

तुम्हें क्या लगा मैं कुछ नहीं बोलूंगी

तेरी हर एक गुनाह को मैं माफ कर दूंगी

अब वक्त आ गया है मेरी बेवफाई का असर देखोगे

मैं क्या हूं तुम मुझे अब पहचानोगे

मेरी सच्ची मोहब्बत का तमाशा बनाते थे

अब तुम खुद तमाशा बनोगे

4. बहुत कोशिश की

बहुत कोशिश की मैंने
उसे भूल जाने की
उसकी यादों से दूर जाने की
उसकी तन्हा में आंसू ना बहाने की
हर एक महक से दूर जाने की
उसकी हर एक महक की अदा आज भी याद है मुझे
ना जाने क्यों बार-बार कोशिश करने के
बावजूद भी वो याद रहता हैं
हर एक पल हर एक दर्द में वह याद आता है मुझे
ना जाने क्यों उसमे ऐसी क्या जादू है
जितना भूलने की कोशिश करती हूं
उतना ही याद आज भी मुझे वह आता हैं
ना जाने उसमे ऐसी क्या बात है
जो वो मेरी नस नस में समाया है

5. जब साथ थे

जब हम एक साथ थे

सारे गम और दर्द दूर थे

ना किसी की परवाह थी

ना वक्त का ठिकाना था

जब हम दोनों साथ थे

मौसम भी हसीन थी

कोयल की कूक में वह मिठास थी

जब हम दोनों साथ थे

चांद भी शर्मा की छुप जाती थी

हम दोनों आंखों में आंखें डाल कर देखते थे

बिन मौसम हि बादल गरज जाती थी

और मीठी मीठी बूंदों की रिमझिम सि बारिश

हम दोनों को भिगो देती थी

जब हम दोनों साथ थे

ना दुनियां की परवाह थी

ना अपनों का डर था

जब हम दोनों साथ थे

हर दिन और रात खुशनसीब था

6. तुम्हारी जरूरत

जब तुम्हारी जरुरत थी
तुम ने अकेला मुझे छोड़ गया
बिन गलती की मुझे सजा दे गया
हर पल दर्द में जीने की सजा दे दिया
मेरी होठों की मुस्कान भी लेगया
जिस के लिए में हर रिश्ते तोरी
आज वो मुझे छोड़ गया
पर आज भी मेरे दिल में उसकी परछाई हैं
किया करू में उसकी जैसी बेवफा नहीं हूं

7. कांटे की तरह चुभ जाता है इश्क

कांटे की तरह चुभ जाता है इश्क

जब चाहने वाला बेवफा होता है

साथ जीने मरने की कसमें खाने वाला

जब हर वादे तोड़ जाता है

फिर भी ना जाने क्यों इश्क हो जाता है

उन रंगों में डूब जाता है मन

इश्क में जब बेवफाई होती हैं

उस दर्द में भी जीने की अलग ही मजा होती है

सामने बैठे मोहब्बत से जब नजरे चुरा ना पड़े

ना जाने इश्क दर्द बन जाती है दिल की

फिर भी हर सास में जिंदा रहते हैं

8. जरा सी बात थी

जरा सी बात थी

उसने तो हमसे रिश्ता ही तोड़ दिया

इस कदर वह मुझसे मुंह फेरा

सदियों का वो रिश्ता चंद लम्हों में टूट गया

जरा सी बात थी

किसी की झूठी बातों को सुनकर

इतने दिनो का मेरा विश्वास चंद पलों में तोड़ दिया

जरा सी बात थी

जो रिश्ते को मिलकर सुलझाए जा सकते थें

कुछ परायों की बातों को सुनकर

उसने हमसे रिश्ता ही तोड़ दिया

9. चुप रह कर उसने

चुप रह कर उसने जवाब दे दिया
आंखों में आंखें डाल कर दर्द बयां कर गया
उसकी होठों की सिकन
मोहब्बत जो दिल में थी उसकी बयां कर गया
चुप रह कर उसने मेरी हर एक ख्वाहिश पूरी कर गया
मेरी होठों की मुस्कान की वजह बन गया
अजीब सा है हमारा रिश्ता
ना एक दूसरे से कुछ कहना
ना एक दूसरे के बगैर रहा जाता है

10. मेरे लिए जो दुनिया से लड़ता हैं

मेरे लिए जो दुनिया से लड़ता हैं
मेरी मुस्कान के लिए किसी भी हद से गुजर जाता हैं
मां कि डाट से जो बचाता हैं
खुद कभी कभी जो मुझसे लड़ लेता हैं
मेरी आंखों की आंसू जिसे बर्दाश्त नहीं होती
मुझे हंसाने के लिए जो बंदर भी बन जाता हैं
हर रिश्ते से ऊपर जिसका रिश्ता हैं
जिसकी बंधन में सच्चाई हैं
वोही तो मेरा भाई हैं

11. तुम ने

मोहब्बत करना तुमने सीखाया
नशा में होश खोना तुमने सिखाया
बड़ी अजीब सी नशा की आदत लगा दिए हो तुम
तुमसे बात किए बगैर एक पल रहा नहीं जाता
इस कदर मेरी दिल पे राज कर लिए हो तुम

12. लब्जो

कुछ लब्जो की बातें बरसात में होती है
मोहब्बत ना हो फिर भी रोज मुलाकात होती
एक तरफा अगर इश्क है
आग दोनों की तरफ लगती है
पर जब एक दूसरे में हम खो जाते हैं दुनिया वाले हमें
जुदाई की रस्में निभाती है

13. मेरे पास

होना तो चाहिए था उसे मेरे पास
मगर वह अब साथ नहीं हैं
आज कितने शाम ढल चुकी है उसकी यादों में
कितनी रातें आंसू बहा के निकल गई हैं
आज दर्द में मैं उसका साथ चाहती हूं
पर किस्मत को कुछ और ही मंज़ूर था
जो होना नहीं चाहिए था वही हो गया
मुझसे मेरा दोस्त जुदा हो गया

14. मेरा हमसफर

नादान है वो कुछ समझता नहीं हैं
छोटी-छोटी बातों पर गुस्सा करता हैं
दिन से रात हो जाती है उसे मनाने में
ना जाने कैसा मेरा हमसफ़र हैं
मैं रूठ जाऊं तो मनाना भी नहीं आता
खुद रूठ के बैठ जाता हैं
मेरी आंखों में अश्क देख खुद रो पड़ता हैं
ना जाने इतना कमजोर दिल वाला हैं वो
बात बात पर मुंह फुला लेता हैं
ऐसा मेरा हमसफ़र हैं वो

15. टूटा दिल

मेरे टूटे दिल पर वार ना करो दोस्त
टूट के बिखरे तो कब से हैं हम
मेरे इस जख्म को और ताजा मत करो
अगर मरहम नहीं लगा सकते
तो उसे खुरेधो नहीं दोस्त

16. सपना हो गया तुम्हारा मिलना

सपना हो गया तुम्हारा मिलना
अब तेरी परछाई भी नजर नहीं आती
न जाने तू किस बाग का फूल था
अब तेरी सुगंध भी ना आती
मेहकता था जो दामन मेरा
अब मुरझाई हुई सी लगती हैं
सपना हो गया तुम्हारा मिलना
पर मेरी रूह को अभी तक तलक लगी हैं

17. लिखने बैठो तो कुछ याद नहीं रहता

लिखने बैठो तो कुछ याद नहीं रहता
तेरा ही चेहरा बस नजर आता है
क्या लिखूं कुछ समझ नहीं आता
तेरे बारे में अगर लिखना शुरू करू
तो स्याही कम पड़ जाएंगी तेरी वजूद लिखने में
जैसे सूरज की किरण के साथ खुशियां लाती हैं
वो ही प्रकाश है तू मेरी जिंदगी में

18. पता नहीं कैसी किस्मत हैं लिखी मेरी

पता नहीं कैसी किस्मत हैं लिखी मेरी
जब भी किसी से प्यार से बातें करती हूं
उसके साथ वक्त बिताना चाहती हूं
अजीब सा इल्जाम लगा देता हैं
और मुझसे रिश्ता तोड़ चला जाता हैं

19. अक्सर जो दर्द पूछा करता था मेरा

अक्सर जो दर्द पूछा करता था मेरा
आज मेरी दर्द का आलम देखकर भी
मेरी हाल जानने का कोशिश तक ना किया
जो कल तक कहा करता था
तेरी आखों के आंसू बड़ी कीमती हैं
आज मेरे आंखों में आंसू देख कर भी
उसने हाल तक न पूछा हमारा
इतना बिजी हो चुका हैं अब वो
सायद मेरी दर्द पूछने का वक्त ना रहा उसके पास
जो कल तक मेरी खुशियों के लिए जिया करता था
उसके दिल में अब कोई जगह ही ना रहा हमारा

20. अगर हमसे इतनी नफरत है

अगर हमसे इतनी नफरत है
हमे दर्द दे के तुम खुश होते हो
मुझ पे एक ऐहसान भी कर दो तुम
मेरे लिए कब्र भी खोद लो तुम
मौत के बाद तेरे खुशी के बीच ना आयेगे
तुम गेरो के साथ सात फेरे भी लगा लोगे
तो भी तेरी देहलीज पार न करेंगे

21. ख्वाब के इंतजार में

ख्वाब के इंतजार में
हम सारी रात जागते रहते हैं
इस कप कपाती ठंड में
सड़कों पर भटकते रहते हैं
कुछ ख्वाब अधूरे से रह गए हैं
उसे पूरा करने के लिए अपनों से दूर रहते हैं
ख्वाब के इंतजार में
हम दर-दर ठोकर खाते हैं
चोट लगती है तो अपनों ने जो दर्द दिए वो याद आते हैं
फिर इस दर्द को भूल कर
ख्वाब की दुनिया में खो जाते हैं

22. तेरी मुस्कान के लिए

तेरी मुस्कान के लिए
अपनों का दिल दुखाया हैं
ना चाहते हुए भी
सब को ठुकराई हूं
आज तू मुझे छोड़
किसी और के साथ मुस्कुरा रहा हैं
मुझे मरने के लिए ही छोड़ना था
कुछ बूंद जहर के ही पिला देते तुम
यूं बेवजह भरी महफिल में
मेरे जज्बात का तमाशा नहीं बनाते तुम

23. फासला इतना था

फासला इतना था
जो हम करीब आ ना सके
दूरियां इतनी बढ़ गई
हमारी मोहब्बतें भी कम पड़ गई
ना जाने किसकी नजर लग गई
हम दोनों के रिश्ते को
इस कदर फासले हुए की
अब तलक तक हम मिल भी ना पाए

24. नजर लग गई

नजर लग गई
हमारी मोहब्बत को
उसका चेहरा भी अब नजर नहीं आता
जिसकी मुस्कान की वजह हुआ करती थी मैं
आज उसकी कोई वजह ही ना रही मैं
तन्हा सी लगने लगी है मेरी जिंदगी
जिसकी पहले में जीने की वजह हुआ करती थी
अब हमारे बीच वह एहसास न रही
ना जाने हमारी मोहब्बत को किसकी नजर लग गई ना ना

25. किसी की बेरुखी से तंग आकर

किसी की बेरुखी से तंग आकर
हमने अपनी ख्वाबों को जला दिया
ना किसी से शिकायत है ना कोई शिकवा
ना किसी से अब दिल की बातें करनी
ना किसी से दर्द बयां करना
बस खुद से ही नफरत सा हो गया है
ना जाने वह मोहब्बत कहां खो गया है

26. इन आखों

इन आंखों में तुम ना दिखते हो
ना मेरी दिल की धड़कन में अब तुम हो
मेरी सांसो को अब ना तुम्हारी जरूरत है
ख्वाइश थी तेरे साथ जीने की
अब नफरत तेरे साथ मरने से भी है

27. मन की बात

मन की बात कोई न जाने

फिर भी यह बहुत राज दफना के रखता हैं

अगर ये बातें जज़्बात बन जाए तो बहुत दर्द देता हैं

मन खामोशी को भी पढ़ लेती हैं

कभी-कभी जो एक दर्द की दवा बन जाती हैं

फिर भी न जाने क्यों मन भटकता रहता हैं

उसी राहों पर जहां कोई फिकर करने वाला नही होता हैं

28. आज की मोहब्बत

आज कल का यही मोहब्बत हैं
महफिल में कोई और दिल में कोई और होता हैं
राते गमगीन किसी और के साथ होती हैं
सुबह किसी और की हाथो में हाथ होता हैं
सच्ची मोहब्बत को तो दफन कर दिया जाता हैं
आजकल रूह से नहीं
जिस्म से ही तो मोहब्बत निभाया जाता हैं

29. हम

हम अगर जुल्फ फैला के बैठे महफिलों मे
आप जैसे आशिकों का क्या होगा
कुछ बोलने से पहले आप मदहोश ना हो जाए इसलिए
चोटिया बांध के रखते हैं हम

30. हमने देख ली

मोहब्बत करके हमने भी देख ली
चोट दिल पर खाई हूं
जो कहता था हम तुम्हारे हैं आज वही सबसे हमे दर्द दे
गया

31. दूर रहता है वह मुझसे

दूर रहता है वह मुझसे
मोहब्बत खुद से ज्यादा करता हैं
मुझसे दूर रहकर ही मेरा दर्द समझ जाता हैं
इतना प्यार करता है वह मुझसे

32. मेरी दुनिया में आए हुए इबादत है

मेरी दुनिया में आए हुए इबादत है
मेरी रूह की फरमाइश है आप
मेरी दिल मे धड़कने वाले धड़कन हो आप
भगवान से मांग लू ऐसी मन्नत हो आप